S'écouter pour mieux se parler en famille

Avec l'ikigaï & LEGO® SERIOUS PLAY®

Emmanuel Laybros

À propos de l'auteur

Emmanuel accompagne des dirigeants, des équipes et des organisations pour relever leurs enjeux relationnels et de communication depuis plus de 20 ans.

Formé au coaching d'organisation à HEC Paris et à la facilitation au CNAM, il est facilitateur LEGO® SERIOUS PLAY® depuis 2012.

Illustrations et mise en page : Léa GUITTON / Freepik®

© 2023, Emmanuel LAYBROS. 2, passage Marcel Sémézies - 82000 Montauban.
Tous droits réservés. ISBN : 979-10-415-1844-9

Dépôt légal : Juin 2023

Sommaire

AVANT DE COMMENCER

Vivre en famille est une aventure, un parcours où les embûches sont nombreuses.

Nos préoccupations personnelles, nos regards respectifs sur la vie et le quotidien ont tendance à installer insidieusement de la distance entre nous.

De Netflix à la Switch en passant par Minecraft, Fortnite et les réseaux sociaux, les tentations de nous isoler me semblent parfois plus nombreuses que l'envie de nous parler.

C'est de cette frustration qu'est né mon projet de nous remettre en capacité, pour quelques heures, de nous parler. Pas seulement de la pluie, du beau temps, des notes à l'école et de la cuisson des steaks hachés mais bien de **nous parler, entre nous, de nous.**

J'ai conçu un atelier qui se mène **en famille.**

Il suffit d'être **au moins 2,**

d'avoir des pièces de **LEGO®,**

une **table** et **l'envie**

de passer quelques heures **ensemble.**

Je le conseille à partir de **7 ans.**

Ce livre contient le déroulement complet d'un IKIPLAY et vous guidera pas-à-pas pour le mener à votre rythme avec ceux que vous aimez.

L'IKIGAÏ

**L'ikigaï est un concept japonais
que l'on traduit généralement par**

"ce qui fait que la vie mérite d'être vécue".

D'une part cette traduction n'utilise pas la définition du mot vie
telle que les japonais la considèrent ici : **"la vie de tous les jours"**
et non la vie avec un grand V.

D'autre part, cette définition écarte le fait que *"gaï"* est dérivé
d'un mot qui se rapporte à quelque chose qui a de la valeur
(*"kai"* : coquillage).

Dans cette perspective, l'ikigaï désignerait plutôt
la valeur qui se trouve dans les petites choses de tous les jours.

L'anthropologue **Françoise Héritier** a écrit un très beau livre
où elle raconte tout ce qui pour elle constitue "Le Sel de la vie"[1],
qu'elle aurait pu nommer ikigaï.

(1) Odile Jacob, 2012

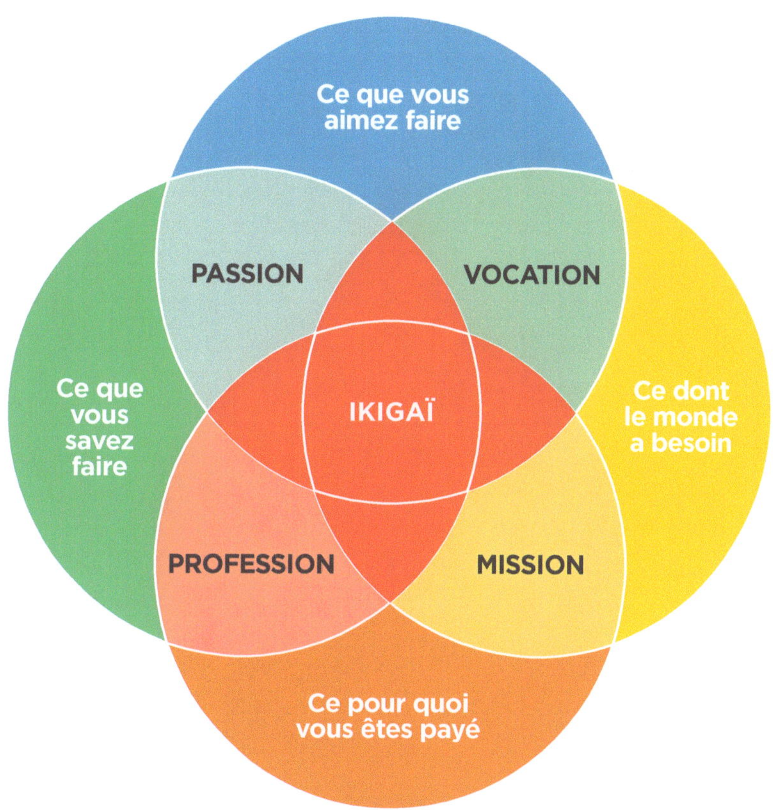

Cette modélisation a ouvert l'ikigaï au monde du coaching et du développement personnel
car elle est utile pour réfléchir à sa vie. C'est ce que l'on demande à un modèle :
être utile pour nous aider à penser.

**L'ikigai se trouve ainsi à l'intersection de la passion,
de la vocation, de la mission et de la profession.**

C'est la combinaison de ces 4 éléments qui permet de cheminer en paix avec soi-même, les autres et le monde.

Je souligne ici qu'il ne s'agit pas de construire son ikigaï comme s'il s'agissait d'un but tangible. L'ikigaï ce n'est pas une destination, c'est une orientation. Ça ne se résout pas une fois pour toute.

L'ikigaï c'est le chemin, pas le but.

1

Ce que vous aimez faire

est le premier élément.

Il comprend tout ce qui **vous passionne.**

2

Ce que vous savez faire

est le deuxième élément.

Il comprend ce que vous savez faire avec aisance, ce pour quoi **vous êtes doué.**

3

Ce pour quoi vous êtes payé

... ou pourriez être payé.
En clair **votre travail.**

Nous verrons plus loin comment réadapter ce questionnement dans un cadre familial avec des enfants.

4

Ce dont le monde a besoin

Ce quatrième élément nous renvoie à la question du sens de ce que nous faisons pour les autres et de **l'impact** à court, moyen et long terme pour notre environnement, aux niveaux naturel, culturel, social, sociétal.

J'ai choisi cette représentation conceptuelle de l'ikigaï pour l'atelier IKIPLAY car elle se révèle efficace pour réfléchir à la **conciliation des 4 éléments indispensables à une vie bonne.**

Certains auteurs comme **Odile Noël-Shinkawa** fustigent ainsi ce modèle puisqu'il ne reflète pas ce qu'est l'ikigaï pour les Japonais et que personne ne connait ce diagramme au Japon.
Cette sentence n'en invalide pas pour autant son utilité quand on cherche un outil pour réfléchir à ce qui façonne notre quotidien et ce que nous pourrions changer dans nos vies pour être plus épanouis.

Pour comprendre comment se structure ce cheminement qu'est l'ikigaï,
il est important d'aborder comment ces 4 éléments interagissent ensemble.

Car, vous l'aurez compris, l'ikigaï sera le résultat de l'interaction
des 4 éléments que nous venons d'aborder.

S'il est assez naturel que vous combiniez dans votre vie plusieurs
de ces éléments, il est en revanche plus difficile de ne pas en laisser
un de côté et c'est alors tout le subtil équilibre de l'ikigaï qui est rompu.

Regardons cela dans le détail.

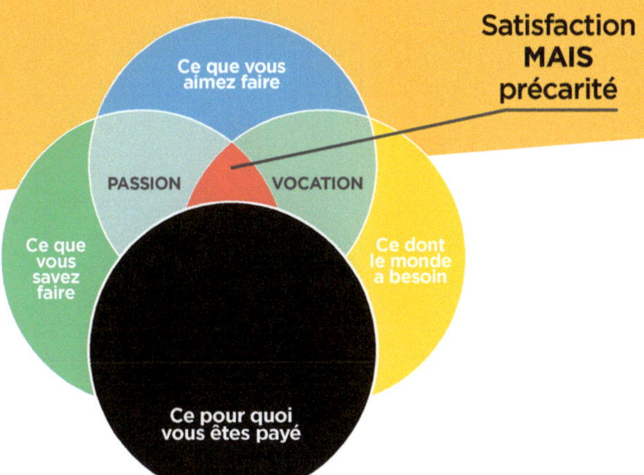

Combiner PASSION et VOCATION vous apportera certes de la satisfaction mais entrainera de la précarité puisque l'élément "ce pour quoi vous êtes payé" est absent de cette combinaison.

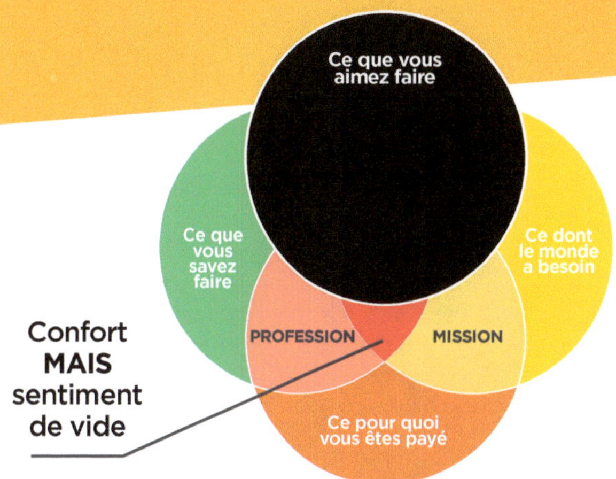

Combiner MISSION et PROFESSION créera chez vous un réel confort mais vous n'échapperez pas à un sentiment de vide puisque l'élément "ce que vous aimez faire" est absent de cette combinaison.

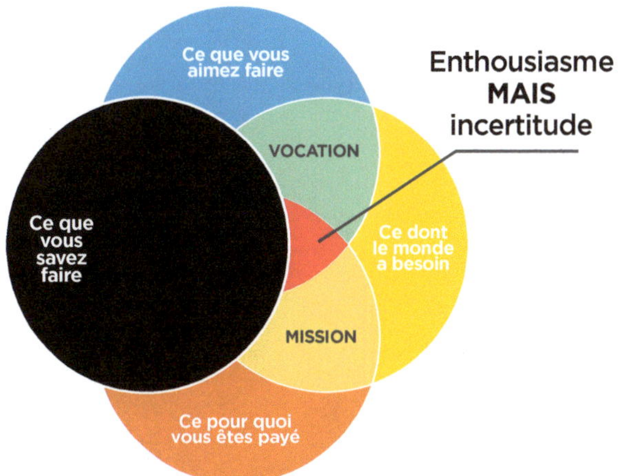

Combiner VOCATION et MISSION créera chez vous de l'enthousiasme mais vous plongera dans l'incertitude puisque l'élément "ce que vous savez faire" dans le sens de ce que vous maitrisez est absent de cette combinaison.

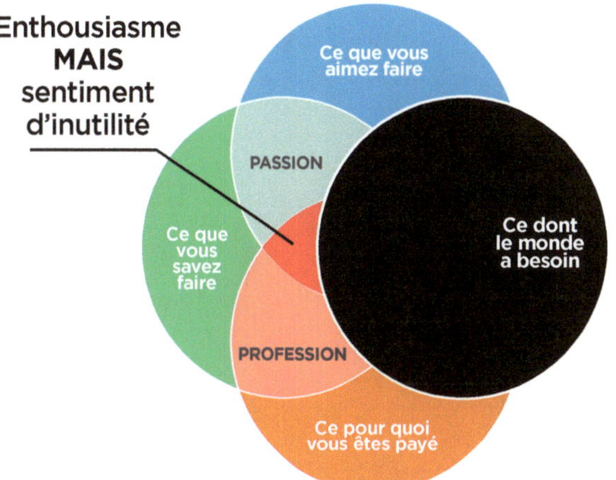

Combiner PROFESSION et PASSION sera très enthousiasmant mais le sentiment d'inutilité finira par arriver puisque l'élément "ce dont le monde a besoin" est absent de cette combinaison.

LEGO® SERIOUS PLAY®

Plus qu'une méthode, LEGO® Serious Play® est "une manière de penser avec des objets et, à travers ses mains, de libérer des énergies créatives, des manières de penser et des manières de voir que les adultes ont oublié avoir jamais possédé" [2].

L'idée de cette approche s'est développée à partir de 1995.
Elle est le fruit d'une réflexion menée par deux universitaires de l'International Institute for Management Development (Lausanne), **Johan Roos et Bart Victor et le PDG du Groupe LEGO® de l'époque, Kjeld Kirk Kristiansen** (petit-fils du fondateur).

Leur volonté était d'envisager d'autres manières de concevoir la stratégie d'une organisation, démarche jusqu'alors sous-tendue par des approches dites "rationnelles". Ils ont ainsi exploré d'autres champs de recherche comme ceux de **l'intelligence collective, de la narration et de l'imagination** [3].

A partir de 2001, débute la formalisation d'une méthode par Robert Rasmussen, ancien directeur de la R&D du département éducation du Groupe LEGO®. La méthode dans sa version actuelle date de 2007. **En France, les premières formations de facilitateurs ont commencé en 2013.**

Si je me suis intéressé à cette approche, c'est certainement avant tout parce que je ressentais **beaucoup de frustrations dans les réunions vécues dans mon cadre professionnel.** Rien de bien neuf n'émergeait de réunions auxquelles participaient des gens pourtant intelligents et talentueux.
Beaucoup de réunions n'avaient tout simplement aucun intérêt puisqu'on savait ce qui allait en sortir avant même qu'elles aient lieu.

Mal organisées, menées sans méthode, elles ne permettaient pas à leurs participants de créer quoi que ce soit. Au mieux de réciter ce qu'ils savaient déjà.

Je me suis alors plongé dans le vaste sujet de la conduite de réunions, de la prise de décision en groupe, de la créativité et de l'innovation.

Parmi toutes les techniques et approches que j'ai découvertes et expérimentées, il y en a une qui a vraiment métamorphosé ma manière de travailler, ma manière de réfléchir à des sujets importants.

C'est la méthode LEGO® Serious Play®

(2) Kristiansen, P., & Rasmussen, R. (2014). Building a Better Business Using the Lego Serious Play Method (1ère éd.). Wiley. (traduction libre, p.92)
(3) Roos, J., & Victor, B. (2018). How It All Began : The Origins Of LEGO® Serious Play®. International Journal of Management and Applied Research, 326-343.

Et c'est bien ça qui est important ici. **J'ai vu des gens se métamorphoser suite à leur participation à ces ateliers.** Des gens éteints reprendre le goût du challenge. Des gens désabusés se réinvestir peu à peu dans leur travail mais surtout dans leur vie.
Ils avaient eu un déclic et ce déclic les a aidés à se réinventer. C'était, vous l'imaginez, très gratifiant pour moi d'y contribuer.

IKIPLAY est né de mon expérience de facilitateur et de mon envie de permettre à ma famille - moi y compris - de poser des mots nouveaux sur ce qui nous anime pour nous reconnecter à nous-mêmes et en tant que famille.

Dans un monde dont la destinée semble nous échapper chaque jour un peu plus et où le néoliberalisme conduit chacun à un individualisme absolu, retrouver une parole vraie m'apparait comme une condition essentielle à une reprise en main de nos destins individuels et collectifs.

Instaurer cette parole vraie au sein de notre famille permet de nous interroger ensemble sur ce qui est important pour nous, de nous demander ce que nous pourrions changer dans notre quotidien pour être plus en accord avec nous-même, les autres et le monde qui nous entoure.

Dans son essai paru en 2013, "Déconnectez-vous" (Arléa), Rémy Oudghiri insiste sur l'idée que plus les nouvelles technologies se banalisent, plus la conscience que quelque chose est perdu se renforce. Il citait Hermann Hesse qui écrivait en 1927 : *"Aller vite altère notre capacité à nous réjouir de nos propres activités. Le culte de la vitesse est responsable du déclin de la joie de vivre."*

En 2023, le consultant Arthur Grimonpant analyse que *"l'objectif des plateformes digitales n'est ni plus ni moins que la prédation de notre vie familiale, sociale et culturelle à des fins économiques"*.

Dès lors, comment ne pas être d'accord avec des écrivains comme **Benoît Duteutre** quand il nous exhorte à réapprendre à regarder ce que nous vivons réellement ? Ou avec **Eckhart Tolle** quand il nous dit que les gens sont aujourd'hui malheureux car ils ne savent pas profiter du présent ?

C'est modestement ce qu'IKIPLAY vous invite à faire.

PRÉPARATIFS

Votre ikigaï familial

Il est maintenant temps d'établir votre ikigaï familial, c'est-à-dire définir les 4 questions que vous allez explorer ensemble en famille.

Si nous reprenons les 4 questionnements, nous voyons que chacun d'eux est sous-tendu par un enjeu, véritable vecteur d'engagement personnel :

Le plaisir	La maîtrise	L'effort	Le don
Ce que vous aimez faire	Ce que vous savez faire	Ce pour quoi vous êtes payé	Ce dont le monde a besoin

Si nous les replaçons
dans notre diagramme :

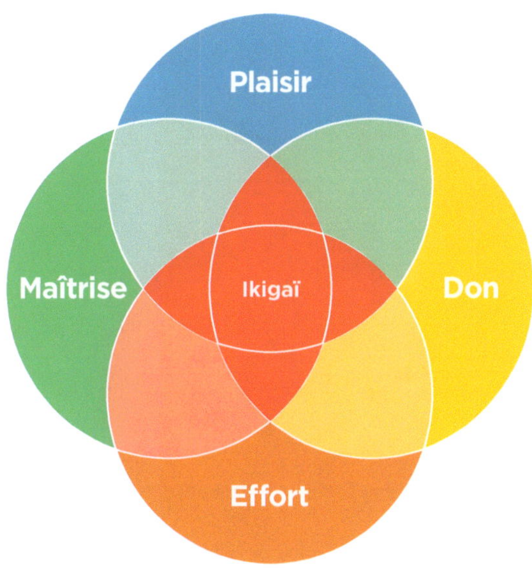

Ces vecteurs d'engagement pourraient être différents en fonction de chacun et donner lieu à de longues discussions mais le principe d'IKIPLAY est de circonscrire la discussion que vous allez mener en famille autour de ces 4 enjeux et de vous inviter à formuler des questions qui vont parler à l'ensemble des participants.

 **L'ENJEU DU PLAISIR**
va vous permettre de mettre à jour ce qui motive immédiatement, dans l'instant, les membres de votre famille.

 **L'ENJEU DE LA MAÎTRISE**
va vous permettre d'explorer ce que chacun d'entre vous réussit à bien faire après l'avoir pratiqué pendant un certain temps.

 **L'ENJEU DE L'EFFORT**
concerne ce que nous faisons parce que nous devons le faire. Il permet d'aborder les contraintes de chacun.

 **LE DON,**
enfin, est ce que je décide de donner aux autres sans attendre de contrepartie. Il nous renvoie à notre altruisme.

La formulation de vos questionnements familiaux autour de ces 4 enjeux est une étape à mener entre adultes si vos enfants sont petits ou à discuter autour d'un repas s'ils sont adolescents. Je préconise de mener cette étape informellement sans expliquer à ce stade que vous préparez un "atelier familial".

Les questionnements pourraient être, tout simplement :

*L'adverbe "*souvent*" est utilisé pour traduire l'idée que la personne effectue cette action avec une certaine constance.

**L'adverbe "*spontanément*" est utilisé pour traduire l'idée que la personne n'attend pas qu'on lui demande d'agir car sinon cela se rapprocherait de l'effort.

Peut-être vous dîtes-vous que vous connaissez déjà les réponses. Rassurez-vous, l'objectif ne sera pas de mettre à jour des éléments incroyables que personne ne connaissait, mais de discuter ensemble de choses essentielles et d'écouter chacun les présenter avec ses mots.

**Maintenant que vous avez vos 4 questions,
il est temps de préparer le matériel.**

Le diagramme de l'ikigaï familial

Je vous invite à réaliser **un diagramme de Venn.** Avec un compas,
cela ne prend que quelques minutes, vous pouvez également télécharger
et imprimer le modèle que je mets à votre disposition sur **www.ikiplay.fr**

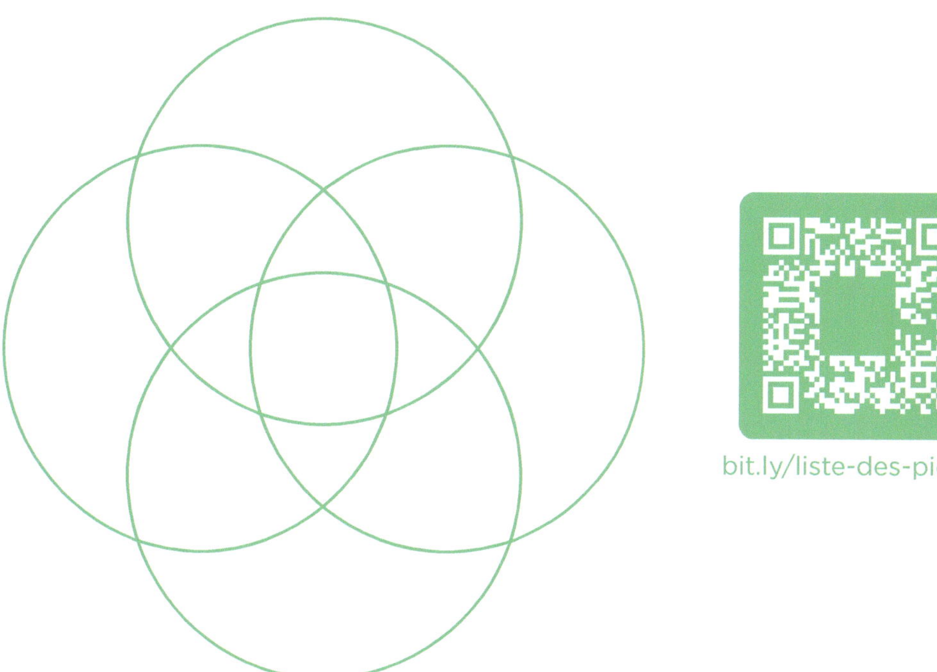

bit.ly/liste-des-pieces

Au centre du diagramme, inscrivez le prénom des participants
et dans les 4 principaux pétales les questions que vous avez formulées.

Les briques de LEGO®

Chaque participant devra disposer du même ensemble de pièces de LEGO®.

La première option est d'acquérir des kits sur le site **lego.com : référence 2000414.**
Un kit par participant est nécessaire.

bit.ly/kit-demarrage-Lego

Il vous faudra ensuite ajouter 4 petites plaques par participant
en utilisant le **service Pick A brick du site LEGO® : ID: 4210802.**

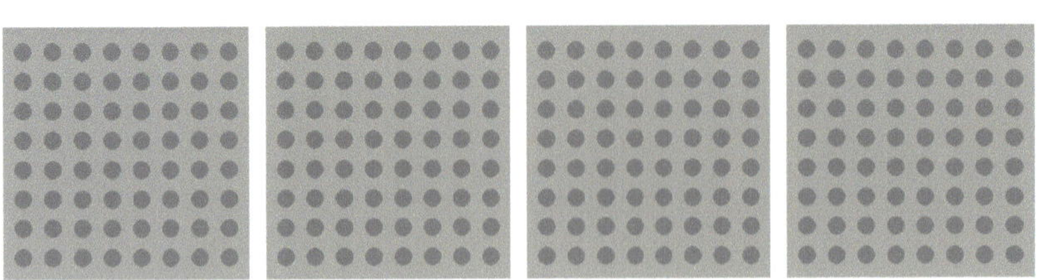

bit.ly/Pick-a-Brick

Enfin, si vos enfants ont moins de 11 ans, je préconise d'ajouter 3 figurines par participant (adultes compris). **Le terme officiel est minifigure.**

Depuis le site LEGO® il est possible de créer ces personnages depuis le service **Build A Minifigure** accessible sur la page d'accueil de Pick A brick.

bit.ly/build-a-minifigure

Pour une famille de 4 personnes, il vous faudra compter environ 150€.

Le matériel peut bien sûr être réutilisé ou prêté à une autre famille mais cela reste un investissement.

La deuxième option qui s'offre à vous est de **rassembler des pièces équivalentes en puisant dans le stock de vos enfants.**

Il y a plus de 200 pièces par kit donc cela vous demandera de la patience ainsi que de solliciter la participation de toute la famille.

Mais rassurez-vous, il y a de grandes chances que vous passiez un bon moment.

bit.ly/liste-des-pieces

Rendez-vous sur **www.ikiplay.fr** pour télécharger la liste des pièces.

 qui s'offre à vous est d'acquérir certains éléments sur le site officiel et de rassembler les autres pièces en puisant dans les réserves de vos enfants.

Dans ce cas de figure, faites en sorte que chaque participant dispose le plus possible des mêmes pièces. Vous ne pourrez pas mener l'atelier si vous prenez des pièces au hasard ou si tout le monde se retrouve avec des pièces complètement différentes. Tous les participants doivent sentir qu'ils sont logés à la même enseigne.

Si vous décidez de rassembler des pièces plutôt que d'acquérir les kits *(référence 2000414)* vous devrez télécharger et imprimer pour chaque participant quatre pages de **l'Imaginopedia for Core Process.** C'est un petit livret qui est fourni dans chaque kit.

Les pages à imprimer : 6, 7, 8, 9, 10 et 11. Elles présentent une notice d'assemblage de quatre modèles qui seront utilisés lors des exercices. Je recommande vraiment l'utilisation de versions imprimées plutôt que la consultation du pdf depuis un smartphone. Rendez-vous sur **www.ikiplay.fr** pour le télécharger.

bit.ly/liste-des-pieces

J'ai bien sûr conscience que la préparation de tous ces éléments peut se révéler complexe, si vous avez des questions ou que vous rencontrez un problème, vous pouvez me contacter via **www.ikiplay.fr**

bit.ly/contact-ikiplay

Matériel complémentaire

Dotez-vous d'un dictaphone pour enregistrer vos échanges et pouvoir les réécouter ultérieurement.

Equipez-vous aussi d'un appareil photo pour immortaliser vos constructions. Si vous en disposez, vous pouvez utiliser un appareil photo de type Polaroïd comme par exemple le modèle Instax de Fujifilm. C'est très sympa pour les participants d'avoir immédiatement des photographies de leurs modèles. Vous devrez prendre 4 photos par participant et 4 photos pour le groupe. **Ainsi, si vous êtes une famille de 4 personnes, vous devrez prendre 20 photos.**

Si vous souhaitez utiliser un smartphone en guise de dictaphone et d'appareil photo, n'en prenez qu'un seul pour toute la famille, mettez-le en mode avion et faites-en de même pour les autres téléphones de la maison.

En complément, prenez une feuille de papier A4 que vous plierez en 2 afin de créer un chevalet. Dans l'idéal prenez une feuille cartonnée. Vous écrirez sur cette feuille les règles que vous découvrirez ensemble lors des exercices de manière à les avoir sous les yeux. Vous aurez donc aussi besoin d'un feutre.

Vous aurez également besoin d'une petite pelote de laine et d'une paire de ciseaux. Si vous n'en avez pas, une simple ficelle suffira.

Récapitulons ce que vous avez besoin de préparer avant de vous lancer :

 Le diagramme de votre ikigaï familial avec les 4 questions

 4 plaques de taille 8x8 pour chaque participant

 Un kit de pièces (acheté ou constitué à partir des réserves familiales) pour chaque participant

 Une feuille de papier (cartonné si possible)

 Un appareil photo

 Les livrets de l'Imaginopedia (si vous avez acheté les kits) ou les pages imprimées de ce même livret pour chaque participant

 Un feutre

 Une pelote de laine ou de la ficelle

 3 figurines en complément, pour chaque participant si au moins un participant a moins de 11 ans

 Une paire de ciseaux

 Un dictaphone

Installation

Installez-vous confortablement autour d'une table et déposez devant chacun de vous les pièces de LEGO® que vous aurez préalablement préparées.

Dans l'idéal, ne vous installez pas sur la table de la cuisine si vous prévoyez d'y déjeuner au milieu de votre atelier car cela vous demanderait de tout débarrasser et il y aura vite beaucoup de matériel sur cette table.

La durée de l'atelier va varier en fonction des familles.
Certaines sont plus loquaces que d'autres (je ne vous apprends rien).
Dans l'idéal, prévoyez 4 heures. Deux heures le matin avant de déjeuner puis deux heures l'après-midi après le dessert.
Si vous avez besoin de plus de temps, faites des pauses, prenez votre temps, ne vous dépêchez pas de finir.

Vous pouvez écouter de la musique pour vous accompagner lors des phases de constructions mais évitez les chansons à texte qui vous déconcentreraient.
Vous devriez trouver votre bonheur dans les **playlists Focus / Concentration de Spotify.**

LES FONDAMENTAUX

Prenons des outils de réflexion classique. Un crayon et une feuille de papier.

Si je vous pose une question et que je vous demande d'y répondre, vous allez d'abord réfléchir dans votre tête puis commencer à noter des mots sur cette feuille de papier qui va devenir votre brouillon. Votre processus de réflexion est entravé car vous devez le faire passer par le chemin de l'écriture. Pour rédiger une liste de courses ce n'est pas gênant mais pour explorer des questions plus profondes c'est une autre histoire.

Vous l'aurez compris, le crayon et la feuille de papier sont ici remplacés par des briques de LEGO®.

Le principe fondateur est simple et se déroule en 4 temps qui vont se répéter tout au long de l'atelier.

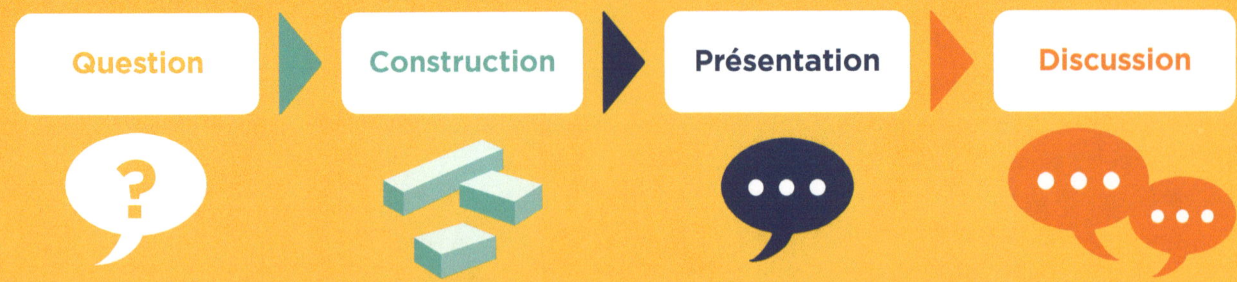

1. Une question vous est posée.

2. Avec des pièces de LEGO® vous fabriquez un modèle pour répondre à la question.

3. Vous présentez ensuite votre modèle aux autres participants, ce qui vous permet de verbaliser votre réponse à la question.

4. Enfin, les participants vous posent des questions sur votre modèle.

Les questions doivent concerner le modèle, pas ce qui est dit du modèle.

Les participants ne sont pas là pour juger votre modèle ou commenter ce que vous dites, ils sont seulement là pour vous permettre d'aller plus loin dans l'élaboration de votre réponse et ainsi mettre à jour des choses nouvelles que vous n'aviez pas à l'esprit lors de votre présentation et encore moins au moment de la construction du modèle.

Si son principe est simple, il est contre-intuitif pour un esprit cartésien. Lorsque la question vous est posée, vous ne devez pas réfléchir à ce que vous allez fabriquer. **Il n'est pas question de planifier votre construction.** Vous devez au contraire commencer à assembler des pièces **sans savoir où vos mains vous mèneront.**

Cela peut sembler complexe au début mais si vous respectez cette règle, vous constaterez qu'elle vous permettra de réfléchir bien plus profondément que si vous ne faites que construire ce que vous avez imaginé avant de commencer à assembler les pièces.

La série d'exercices qui va suivre va vous permettre d'expérimenter ces principes. Ce sera le plus court chemin pour permettre à tous les participants d'intégrer les règles essentielles qui les guideront tout au long de l'atelier.

EXERCICES DE DÉCOUVERTE

Il arrivera certainement en cours de construction que certains participants déboîtent par inadvertance des pièces de leur modèle. J'utilise le verbe déboîter pour insister sur le fait que les modèles ne sont jamais cassés, il suffit de ré-assembler les briques qui les composent.

Cette subtilité permet de dédramatiser certaines situations où vos enfants vont certainement être frustrés de faire tomber leur modèle et de devoir recommencer à assembler.

Rassurez-les donc en insistant sur le fait que ce n'est pas grave et qu'il suffit de réassembler des pièces, même si vous comprenez leur frustration.

Chaque exercice va vous permettre de découvrir une ou plusieurs règles que vous devrez respecter tout au long de l'atelier.

Chacun est responsable du respect des règles. Je vous propose de choisir ensemble un mot rigolo que vous pourrez prononcer lorsque quelqu'un enfreint une règle. J'ai une affection particulière pour le mot Koala, mais vous êtes libre.

Que vous n'ayez pas eu des pièces de LEGO® en main depuis longtemps ou que vous y jouiez régulièrement avec vos enfants, il est important de consacrer quelques minutes à la découverte des pièces des kits et de tester les emboitements.

bit.ly/liste-des-pieces

Les grosses briques bleues et blanches, par exemple, sont des DUPLO® mais elles peuvent s'emboiter avec des pièces plus petites. Si vous souhaitez y emboiter de petits éléments, il suffit d'utiliser des briques 2x2 ou 4x2 comme support :

Rendez-vous sur **www.ikiplay.fr** pour voir des exemples.

Prenez le temps de tester et d'expérimenter, cela vous mettra plus à l'aise pour les étapes suivantes. **Voici les trois premières règles que vous devrez suivre tout au long de l'atelier :**

Je ne prends pas les pièces des autres.
Comme nous l'avons évoqué précédemment, il est important que vous ayez chacun les mêmes pièces. Le tas de pièce que vous avez devant vous ne doit pas se transformer en libre-service.

Je ne commente pas ce que font les autres pendant qu'ils construisent.
Les remarques, mêmes positives viennent perturber la personne. Quant aux plaisanteries sur les réalisations, elles sont à proscrire. Si un participant se sent jugé, il ne s'investira pas pleinement.

Je n'interromps pas les autres pendant qu'ils construisent.

Vous n'allez pas tous construire à la même vitesse, certains termineront donc avant les autres. Ne pressez pas ceux qui n'ont pas encore fini. Ne leur demandez pas s'ils ont besoin d'aide. S'ils ont besoin d'assistance pour trouver une pièce, c'est à eux de solliciter les autres. **Ne vous transformez pas en sauveur.**

En construisant, les participants vont vivre une "expérience optimale" popularisée sous le **concept de Flow par Mihaly Csikszentmihalyi.** Ils vont prendre du plaisir à réaliser les tâches qui leur sont confiées car *"leur corps et leur esprit exploitent leur plein potentiel en accomplissant quelque chose de difficile et qui en vaut la peine* [5]*".*

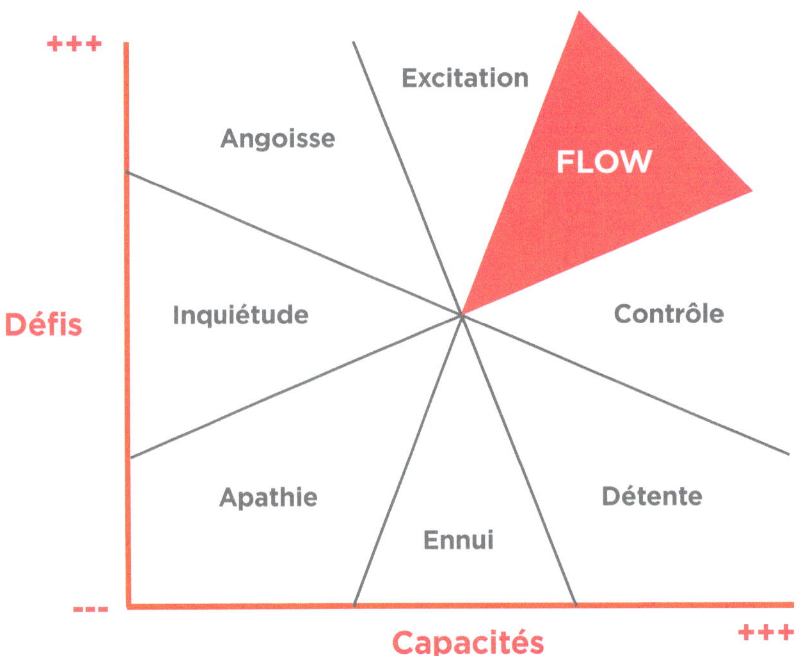

Ecrivez ces trois règles sur le chevalet en papier que vous avez préparé.

(5) Csikszentmihalyi, M. (2008). Flow : The Psychology of Optimal Experience. Harper Perennial Modern Classics. (traduction libre p.3)

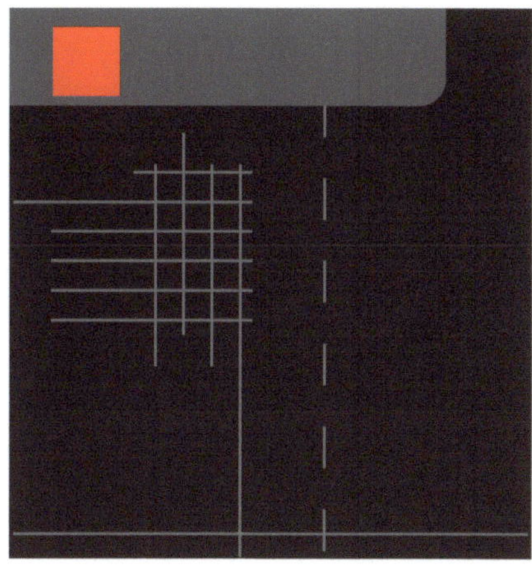

Ce second exercice consiste à construire un modèle issu de l'Imaginopedia en suivant les étapes.

✓ Si vous avez téléchargé et imprimé les 6 pages correspondantes de l'Imaginopedia, remettez-les à chaque participant.
Vous avez le choix entre **4 modèles.**

✓ Si vous avez acheté les kits sur le site LEGO®, confiez le livret de l'Imaginopedia à chacun.

Rendez-vous aux pages 6 à 11.

Prenez le temps qu'il vous faut pour construire le modèle de votre choix.

Si vous utilisez des pièces issues des réserves de vos enfants pour construire ces modèles, il se peut que vous ne puissiez pas les reproduire à l'identique. Pas d'inquiétude, l'essentiel est de vous rapprocher de la construction de l'Imaginopedia avec les pièces dont vous disposez.

Bonne construction !

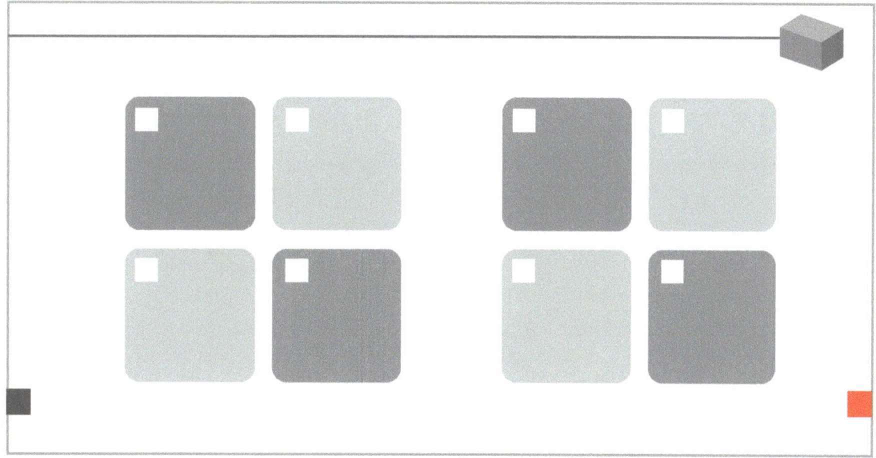

Une fois que vous avez tous terminé votre modèle, voici la nouvelle consigne à suivre :

> **Modifiez le modèle que vous avez construit pour exprimer
> ce que vous ressentez quand vous…**

**Chacun va ici choisir, pour lui-même, une situation qui lui crée de la frustration,
de l'agacement voire de la colère.**

▶ **Pour les adultes il pourrait s'agir de :**
Modifiez le modèle que vous avez construit pour exprimer ce que vous ressentez quand vous ne savez pas où vous avez mis votre téléphone portable.

▶ **Pour les enfants, il pourrait s'agir de :**
Modifiez le modèle que vous avez construit pour exprimer ce que vous ressentez quand vous devez manger quelque chose que vous n'aimez pas.

**L'objectif est de choisir une situation qui vous crée une émotion
qui n'est pas agréable à ressentir.**

Pour répondre à cette demande, vous pouvez faire ce que vous voulez du modèle que vous avez préalablement construit : y ajouter des pièces, en enlever, modifier sa posture, etc.

Cet exercice vous impose de réfléchir à partir d'une construction. Il permet de mettre à jour une règle importante que j'ai évoquée dans Les Fondamentaux : **N'essayer pas de réfléchir avant de construire.** Commencez par assembler des pièces sans avoir planifié là où vos mains vous conduiront. C'est en mettant vos mains en mouvement que vous allez réfléchir. Ne réfléchissez donc pas avant de mettre vos mains en mouvement. C'est contre-intuitif mais… ça marche.

 Il ne vous reste plus qu'à noter sur votre chevalet cette nouvelle règle :
Je commence à assembler des pièces sans savoir ce que je vais construire.

Vous allez faire un tour de table une fois que chacun a terminé de modifier son modèle. L'organisateur de l'atelier va inviter chaque personne à présenter son modèle à tour de rôle pour répondre à la question *"Que ressentez-vous quand... ?"*

Quand la personne a terminé sa présentation, l'organisateur va inviter les autres participants à lui poser des questions sur son modèle. Comme par exemple :

▶ *Est-ce que cette pièce représente quelque chose de précis ?*
▶ *Pourquoi as-tu choisi cette pièce ?*

Les questions ont ici comme objectif de permettre à chacun de réfléchir plus profondément à ce qu'il a construit.
En effet, dans tous les cas, le sens de ce qui est construit appartient à celui qui a construit. Vous avez le droit de penser ce que vous voulez du modèle des autres mais vous n'avez pas le droit de le partager.

Vos questions sont au service des autres, pas à votre service. N'essayez donc pas de déduire des significations des constructions des autres participants et de leur soumettre des hypothèses.

Chacun doit comprendre qu'il construit pour lui et que personne ne va le juger ou essayer de déduire des significations cachées. **Vous n'êtes pas là pour interpréter les constructions des autres mais pour les écouter exprimer ce qu'ils souhaitent partager avec vous.**

Quand vous regardez cette image, qu'y voyez-vous ?

De prime abord certains y voient un canard, alors que d'autres y voient un lapin. C'est en tout cas une image ambiguë. On ne peut pas décider s'il s'agit d'un canard, d'un lapin... ou des deux. Dans cette image, le sens appartient à celui qui regarde l'image.

> **Avec la méthode LEGO® Serious Play®, le sens appartient à celui qui construit le modèle.**

Voici donc pour conclure, les deux dernières règles à inscrire sur votre chevalet :

 **Je pose des questions sur le modèle des autres pour les aider à réfléchir.**

 **Je suis le seul à savoir ce que mon modèle veut dire.**

Je vous invite à les écrire des deux côtés et à placer le chevalet au milieu de la table
afin que tout le monde puisse les voir tout au long de l'atelier.

1. Je ne prends pas les pièces des autres.

2. Je ne commente pas ce que font les autres pendant qu'ils construisent.

3. Je n'interromps pas les autres pendant qu'ils construisent.

4. Je commence à assembler des pièces sans savoir ce que je vais construire.

5. Je pose des questions sur le modèle des autres pour les aider à réfléchir.

6. Je suis le seul à savoir ce que mon modèle veut dire.

Vous êtes maintenant prêts à rentrer dans le vif du sujet !

Avant de nous lancer, je vous invite à démonter les modèles que vous avez construits
lors des exercices de manière à poursuivre l'atelier avec un tas de pièces devant vous.

**Prenez le diagramme de votre Ikigaï familial que vous avez préparé
avec les quatre questions.**

L'ATELIER

Première partie

Le plaisir

La question que je vous proposais :

Qu'est-ce que tu aimes faire dans la vie ?

Cette question était un exemple. Vous devez poser ici la question que vous avez formalisée au chapitre "Préparatifs" lors de la réflexion sur votre ikigaï familial, afin d'explorer l'enjeu du plaisir (p.18).

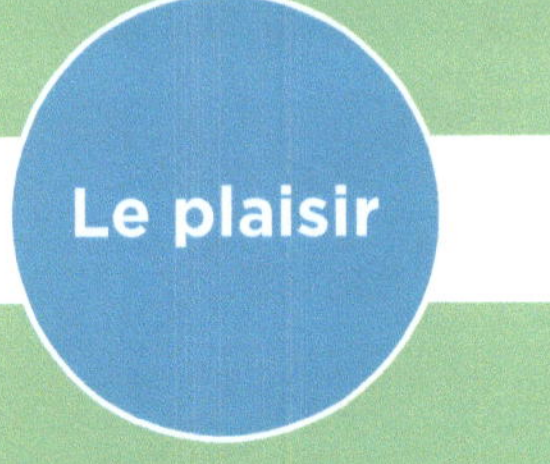

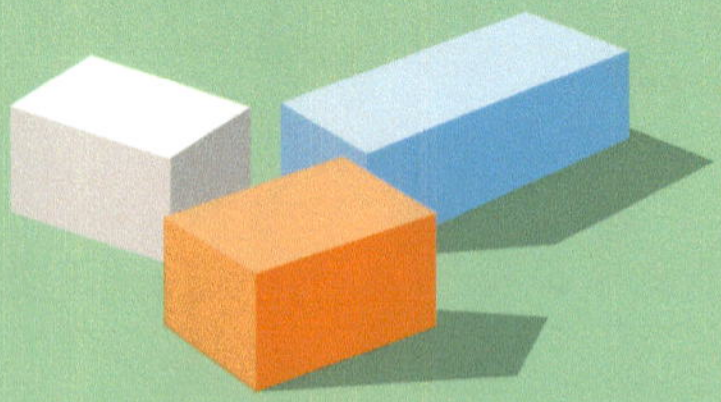

Afin de répondre à cette question, chaque participant va construire un modèle sur l'une des 4 plaques 8x8 qu'il doit avoir en sa possession.
Utilisez une plaque pour construire un modèle permet de lui donner de la stabilité et de le déplacer facilement sans risquer que certaines pièces ne se déboîtent.

 Relisez les règles inscrites sur le chevalet

 Posez la question à haute voix

 et lancez éventuellement la lecture de votre playlist afin de construire en musique

Une fois que vous avez terminé vos constructions :

 Placez vos modèles au centre de la table devant votre tas de pièces

 Mettez la lecture de votre playlist en pause

 Lancez l'enregistrement audio en utilisant le dictaphone que vous avez préparé.

Vous allez maintenant commencer un tour de table pour vous présenter vos modèles respectifs, exactement de la même manière que lors du second exercice.
Relisez une fois encore les règles à respecter.

Imaginons une disposition qui nous servira d'exemple tout au long de ce guide.

Une famille de 4 personnes, composée de 2 adultes (Lucas et Elise) et de 2 enfants (Zoé et Victor).

 de son modèle pour répondre à la première question de l'ikigaï familial. Elle va expliquer sa construction en montrant les différents éléments qui le composent.

Une fois qu'elle a fini de le présenter, Lucas, Elise et Victor sont invités à lui poser des questions sur celui-ci de manière à la faire parler un peu plus. **Lorsque vous posez une question souvenez-vous qu'elles doivent concerner le modèle et pas directement ce que Zoé a dit.** Le mieux est de montrer à chaque fois la zone du modèle concernée par votre question de manière à ce que Zoé intègre bien l'idée qu'on lui pose des questions sur celui-ci.

Avec les enfants, sentez-vous libre de les relancer avec des questions ouvertes de type :
C'est important pour toi ?
Qu'est-ce que tu ressens quand tu nous partages ça ?

▶ C'est maintenant au tour de Lucas de présenter son modèle. Lorsqu'il a terminé, Elise, Victor et Zoé peuvent lui poser des questions.

▶ C'est ensuite au tour de Victor de s'exprimer et à Elise, Lucas et Zoé de l'interroger sur son modèle.

▶ C'est enfin au tour de Elise de présenter son modèle puis à Lucas, Zoé et Victor de lui poser des questions.

Bravo à tous ! Vous avez exploré la première partie de votre ikigaï familial.

Vous pouvez désormais :

 arrêter l'enregistrement

 et prendre en photo chacun de vos modèles.

 Il est maintenant temps de faire une petite pause. Vous l'avez bien mérité. Essayez de ne pas vous ruer sur vos smartphones pour rester dans votre belle dynamique. J'espère que cette première étape vous a donné envie de poursuivre l'aventure.

Ne modifiez plus vos modèles et regroupez les pour former un ensemble que vous laisserez au centre de la table. **Entourez votre ensemble de quatre modèle avec de la laine ou de la ficelle.**

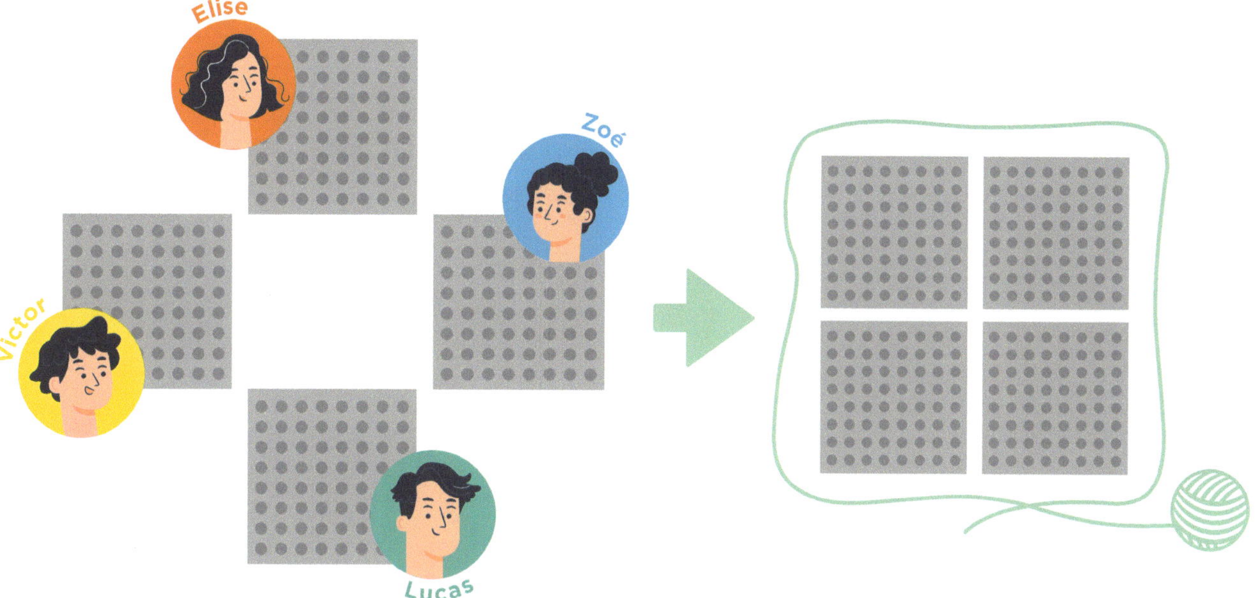

Dès que vous serez prêts, nous pourrons nous lancer dans l'exploration de la deuxième question que vous avez inscrite dans votre ikigaï familial.

Deuxième partie

La question que je vous proposais :

Qu'est-ce que tu sais faire ?

Mais vous allez bien sûr poser votre propre question.

Vous allez procéder ici exactement de la même manière que pour la première question :

 Relisez les règles du chevalet

 Posez la question à haute voix

 et lancez éventuellement la lecture de votre playlist afin de construire en musique

Construisez un nouveau modèle pour répondre à la question en utilisant une nouvelle plaque de 8x8 comme support. Une fois les constructions terminées :

 Arrêtez la lecture de votre playlist

 Lancez l'enregistrement sur votre dictaphone

Un premier participant présente son modèle. Ne commencez pas par la même personne que lors de la première question.
Les autres posent leurs questions une fois que le premier participant a terminé sa présentation. Et ainsi de suite jusqu'à ce que chacun ait présenté son modèle et répondu aux questions des autres.

 Une fois le tour de table terminé, arrêtez la lecture de votre dictaphone

Attendez avant de prendre une photo !

Vous n'allez pas encore passer à une nouvelle étape de votre ikigaï familial.
Chacun d'entre vous va d'abord devoir **construire un nouveau modèle**
en utilisant une nouvelle plaque de 8x8 pour répondre à cette question :

> **D'après-vous, que sait faire votre voisin de droite
> dont il n'a pas parlé dans son modèle ?**

Voilà ce que ça donnerait dans notre exemple de disposition :

Vous connaissez désormais le principe :

 Posez la question à haute voix

 et lancez éventuellement la lecture de votre playlist afin de construire en musique

Construisez votre modèle.

Une fois les constructions terminées, chacun va présenter son modèle à son voisin de droite.

Ce qui donnerait :

- ☑ Victor présente à Lucas
- ☑ Lucas présente à Zoé
- ☑ Zoé présente à Elise
- ☑ Elise présente à Victor

A l'issue de chaque présentation, la personne concernée est invitée à combiner ce nouveau modèle à celui qu'elle a construit pour répondre à la question initiale *(Qu'est-ce que tu sais faire ? / Qu'est-ce que tu apprends à faire ?).*

Accepter le modèle de l'autre pour compléter le sien n'est pas obligatoire. **Chacun reste libre.**

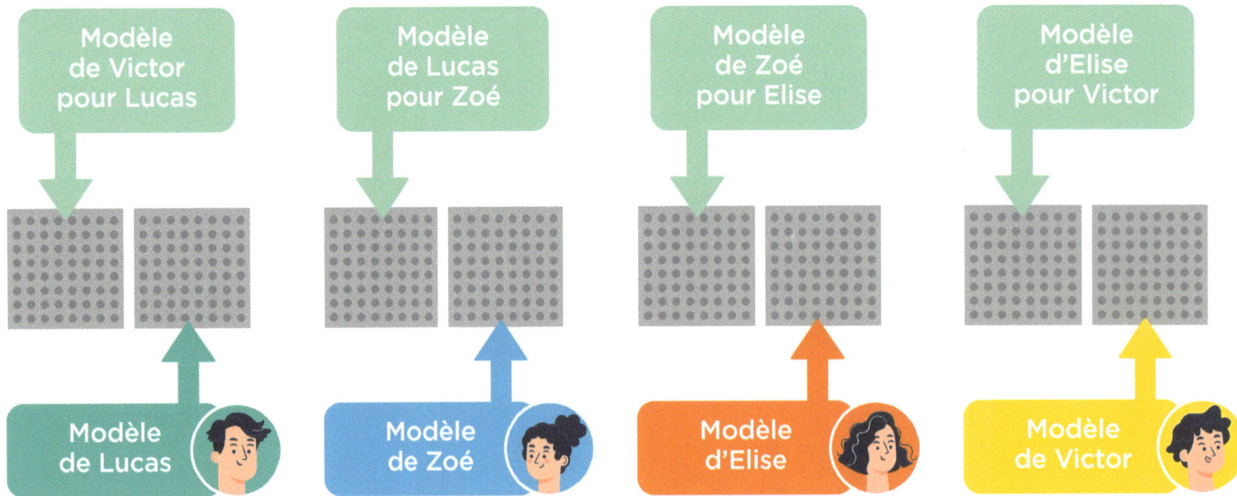

Il est maintenant temps :

 D'arrêter l'enregistrement

 De prendre en photo ces doubles modèles

 De les placer au centre de la table en les entourant d'un fil de laine ou d'une ficelle. Si votre centre de table est trop encombré vous pouvez déposer les modèles à un autre endroit afin de disposer de suffisamment d'espace pour poursuivre l'atelier.

Vous voilà maintenant à mi-chemin de l'exploration de votre ikigaï familial.
Vous pouvez faire une petite pause pour discuter de vos ressentis.

Je vous attends à l'étape suivante.

Troisième partie

Ça va sentir la sueur ! Vous allez vous consacrer à explorer ce qui vous demande un effort.

Dans l'ikigaï d'origine il est question du travail, ce qui permet de se prémunir de la précarité. Pour des adultes, la question à explorer concerne ce pour quoi on est payé mais avec des enfants, cela n'aurait pas beaucoup de sens.

La question que je vous proposais :

Qu'est-ce que tu fais (souvent) et qui te demande un effort quand tu dois le faire ?

Quelle que soit la formulation que vous aurez choisie pour votre famille, elle doit vous permettre de parler d'actions, d'activités qui demandent un effort pour la personne concernée.

Le mot "travail" viendrait du mot latin *"tripalium"* qui désignait un instrument de torture. A ce compte-là, on comprend que travailler renvoie à la souffrance et à la douleur.

A ce stade, relire les règles devrait être inutile.

Vous pouvez vous lancer :

Posez la question à haute voix

et lancez éventuellement la lecture de votre playlist afin de construire en musique

N'oubliez pas d'utiliser une nouvelle plaque de 8x8 pour construire votre modèle.

En préambule de la présentation des modèles, **je vous propose une nouvelle séquence**.

Mais avant d'aller plus loin :

 Si vous l'avez lancée, arrêtez la lecture de votre playlist

 Lancez l'enregistrement sur votre dictaphone

Nous allons nous amuser à enfreindre tous ensemble une règle que vous suivez depuis le début de cet atelier :
Chacun d'entre vous va essayer de deviner l'activité ou l'action qu'a construite son voisin de gauche en observant attentivement son modèle. Vous formulerez alors une ou deux hypothèses :

▶ *Je pense que cette pièce pourrait signifier que...*
▶ *Je pense que tu as voulu nous montrer que...*

Pendant que les hypothèses sont formulées, le constructeur du modèle ne dit rien afin de ne donner aucun indice. Il est ensuite temps pour le constructeur de présenter son modèle et donc de révéler si les hypothèses étaient justes... ou à côté de la plaque.

Ainsi dans notre exemple, Elise émet des hypothèses sur le modèle de Zoé. Ensuite, elle présente son modèle à tous. Enfin, les autres, dont Elise, peuvent lui poser des questions sur celui-ci.

Vous continuez votre tour de table afin que chacun puisse formuler des hypothèses sur le modèle de son voisin de gauche et ait pu présenter son propre modèle.

Une fois le tour de table terminé, il ne vous reste plus qu'à :

 arrêter l'enregistrement de votre dictaphone

 prendre en photo vos modèles respectifs

Je sais que vous commenciez à y prendre goût mais la fin de votre atelier approche.

Faites une petite pause et rejoignez-moi à la page suivante.

Dernière partie

Le don sera le dernier enjeu que vous allez explorer pour votre ikigaï familial.

Qu'est-ce que tu fais spontanément et qui fait plaisir à tout le monde ?

Dans la version initiale de l'ikigaï, que je vous présentais au début de ce guide, le questionnement vise à déterminer ce dont le monde a besoin, selon chacun. **Dans le cadre familial, il s'agit de vous questionner sur la contribution altruiste personnelle de chaque membre de votre famille à la vie familiale.**

Ce n'est pas une question évidente mais comme vous avez déjà réfléchi à d'autres questions, vous allez y arriver !

Le don est un concept essentiel pour comprendre les relations humaines.

Il a été théorisé par **Marcel Maus**, dans son "Essai sur le don" paru il y a déjà un siècle. Selon lui, le don est un échange social qui implique une obligation réciproque entre les parties. Il soutient que le don et le contre-don sont des moyens par lesquels les gens créent et maintiennent des relations sociales, essentiels à la survie et à la prospérité des sociétés humaines. Rien que ça !
Donc en clair, **votre famille en a besoin pour s'épanouir.**

 Posez la question à haute voix

 Lancez la lecture de votre playlist (c'est toujours optionnel)

 Construisez votre modèle

 Une fois que tout le monde a terminé, arrêtez la lecture de votre playlist

 Lancez l'enregistrement sur votre dictaphone

Un premier participant présente son modèle. Ne commencez pas par la même personne que lors de la question précédente.

Les autres posent leurs questions sur le modèle du premier participant une fois qu'il a terminé sa présentation.

Et ainsi de suite jusqu'à ce que chacun ait présenté son modèle et répondu aux questions des autres.

 Une fois le tour de table terminé, arrêtez l'enregistrement sur votre dictaphone

 Prenez en photo les modèles de chacun

 Regroupez-les au centre de la table et entourez-les d'un fil de laine ou de ficelle.

 Pour terminer, je vous invite à prendre en photo les 4 ensembles de modèles correspondant aux 4 questions de votre Ikigaï familial.

POUR CONCLURE

Bravo. Ce n'était pas évident de préparer tout ce matériel et de vous organiser pour disposer de ces heures tous ensemble. Je suis heureux de vous avoir embarqué dans cette belle aventure.

Vous avez des photos de vos modèles, je vous encourage à en faire un poster que vous aurez bonheur à voir et revoir au fil du temps.

Vous avez des enregistrements audio, je vous invite à les écouter en voiture quand vous êtes en déplacement pour vous replonger dans ces beaux moments.

Les modèles que vous avez construits sont de magnifiques symboles de vos différences et le fil qui les unit une belle métaphore de votre famille. J'évoque ici Flaubert qui écrivait que *"les perles composent le collier, mais c'est le fil qui fait le collier".*

A l'aune de vos constructions et de vos discussions, discutez de ce que vous pourriez faire pour continuer de renforcer le fil qui vous unit. Pour cela, voici une question inspirante que chacun de vous pourrait garder à l'esprit quand vous sentez que vous vous éloignez les uns des autres :

Que pourriez-vous vivre et faire, individuellement et collectivement, qui renforcerait les liens que vous tissez ensemble, dans votre famille, jour après jour et qui serait pleinement en phase avec votre ikigaï familial ?

J'espère que vous avez pris beaucoup de plaisir à vous écouter...
et à vous parler.

Si vous souhaitez partager votre expérience d'IKIPLAY, j'aurais beaucoup
de plaisir à recevoir vos témoignages. Rendez-vous sur **www.ikiplay.fr**

bit.ly/contact-ikiplay

REMERCIEMENTS

J'ai beaucoup de gratitude pour toutes les personnes qui ont consacré du temps à tester IKIPLAY au sein de leur famille. Leurs commentaires m'ont été précieux pour améliorer le dispositif.

Un grand MERCI à : Aurélie, Elsa, Bertrand, Carine, Caroline, Louis-Henri, Marie-Blanche, Marine, Michaëlla, Pascal, Pascale, Patrice, Patricia, Virginie, Valérie et à tous leurs proches.

Merci à ma famille, mon épouse et mes enfants pour leurs encouragements.

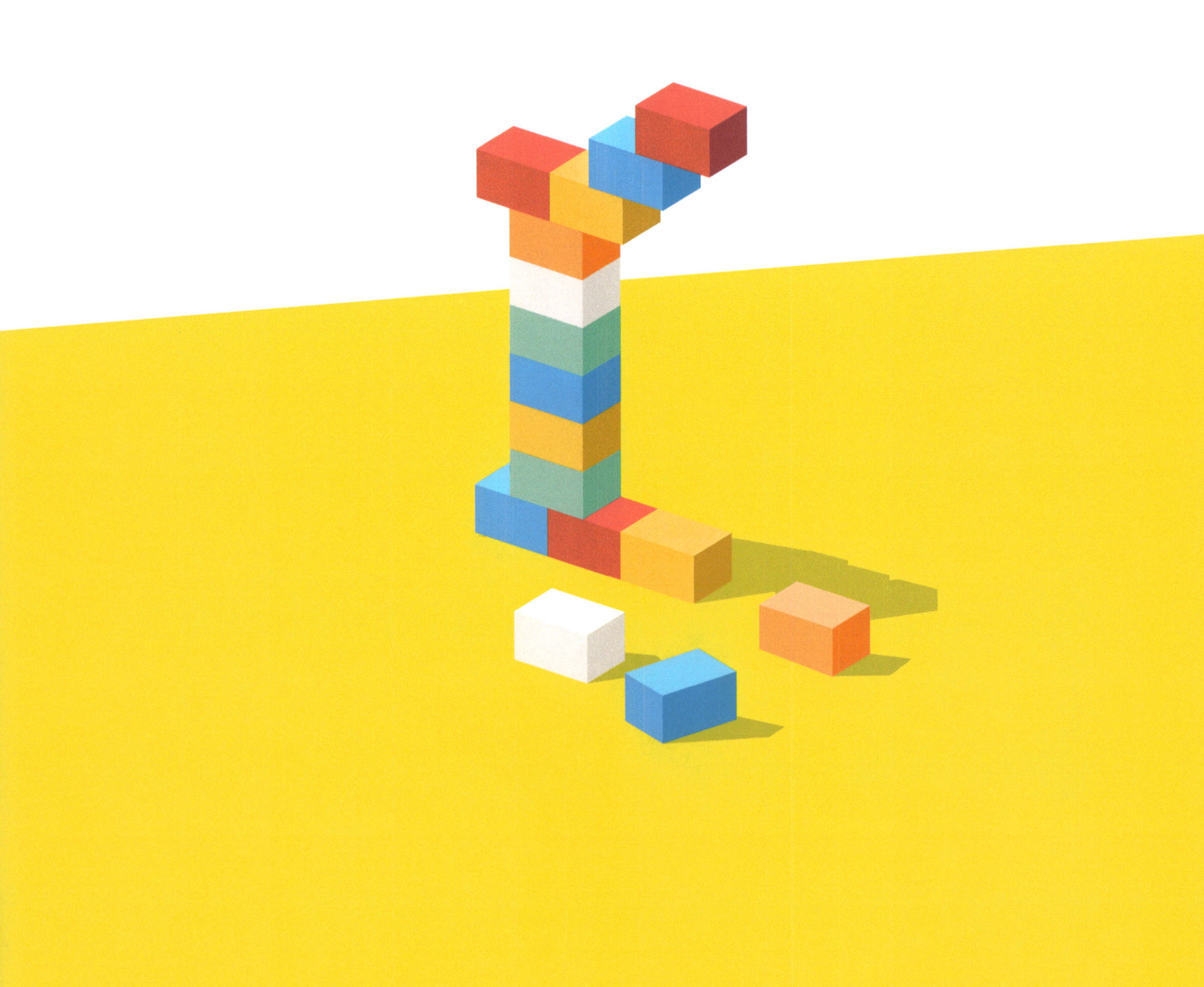

www.ingramcontent.com/pod-product-compliance
Lightning Source LLC
Chambersburg PA
CBHW042046110726